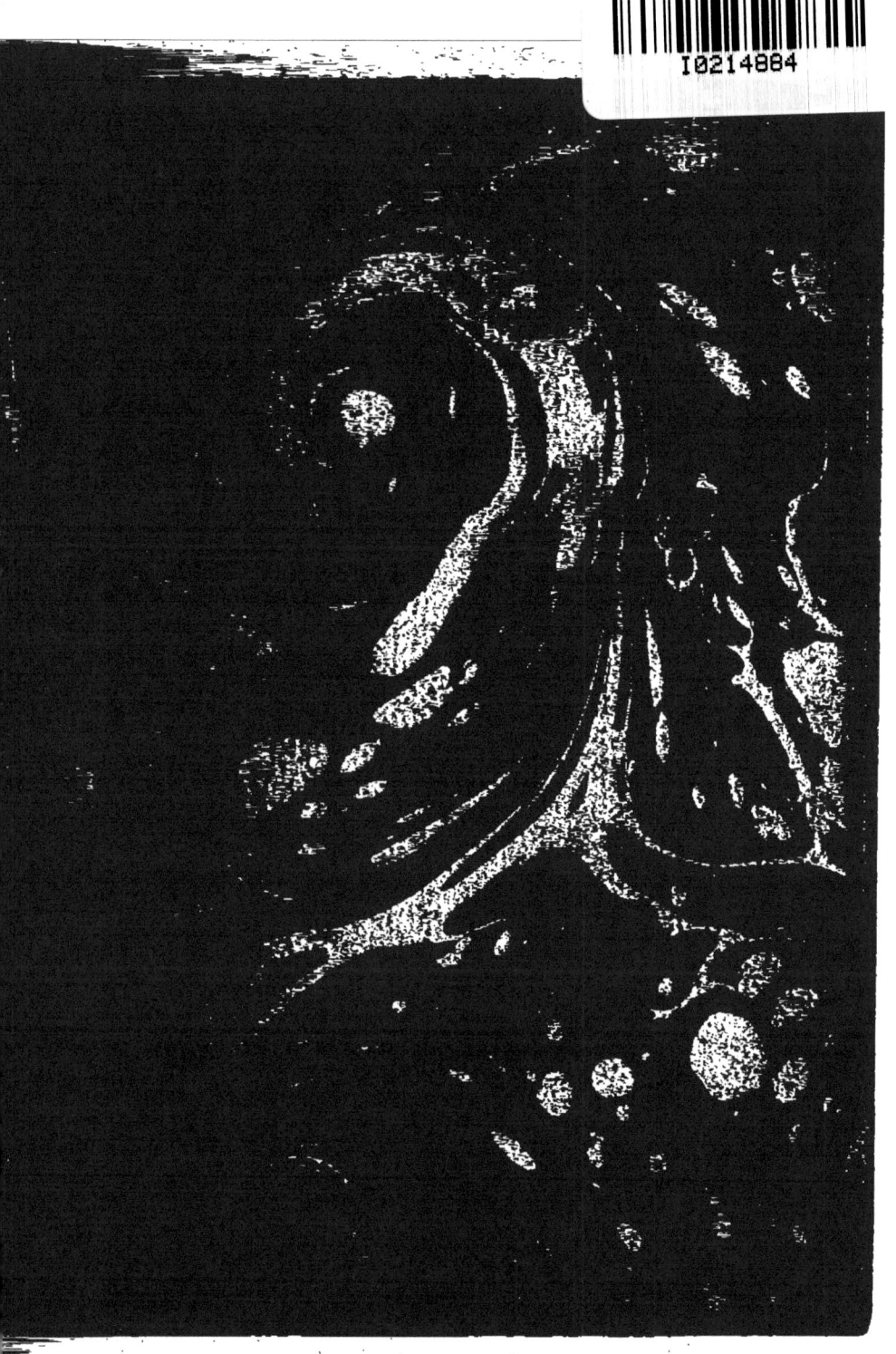

X 1266.
K.K.

LES
ÉLÉMENS
DE
LA LANGUE
FRANÇAISE
DÉMONTRÉS
PAR
LES COULEURS.

ÉTUDES
PRIMAIRES.

AVIS

Sur ce petit Livre élémentaire.

Dans toutes les Sciences comme dans les Arts, les commencemens sont ordinairement les plus épineux et les plus difficiles. Cette vérité de tous les temps, trouve ici une application particulière.

On ne s'est jamais assez bien pénétré des peines infinies, de la patience et du parfait dévouement qui accompagnent les travaux des personnes qui se vouent à l'éducation, pour parvenir à se faire comprendre de leurs jeunes élèves, surtout lorsqu'il s'agit de leur faire aborder les premiers degrés des études, et leur rendre familiers les signes bizarres et incohérens qui servent à peindre la langue qu'ils doivent parler un jour.

D'un autre côté, on ne peut se dissimuler les efforts toujours pénibles et souvent douloureux, qu'éprouvent les Enfans au début de leurs études; efforts communément insuffisans pour disposer leurs foibles organes à recevoir et classer dans leur mémoire, tout ce que l'on juge le plus propre et le plus convenable à la meubler; et l'on est convaincu que ce n'est presque toujours qu'en inondant de leurs larmes innocentes le premier cahier de leurs études, et en torturant, pour ainsi dire, leur foible conception, qu'ils parviennent à bégayer ce qu'ils ne peuvent comprendre.

Ces considérations ont donné naissance à un grand nombre d'Ouvrages élémentaires, composés dans la vue de venir au secours des Maîtres et des Elèves; mais tous, comme de concert, n'ont fait qu'effleurer et franchir rapidement les premiers degrés, couverts de ronces et d'épines, pour semer de fleurs ceux d'après.

Le plan de la nouvelle Méthode qu'on annonce, est de faire disparoitre presqu'entièrement pour les uns et pour les autres, les peines et les difficultés, et d'abréger le temps.

LES ÉLÉMENS

DE

LA LANGUE FRANÇAISE

DÉMONTRÉS PAR LES COULEURS;

MÉTHODE INCONNUE JUSQU'A CE JOUR,

qui simplifie et en abrége l'étude aux Enfans, d'une manière à-la-fois agréable à leur vue et à leur intelligence.

Ire. Division. ÉTUDES PRIMAIRES.

Par DAUPHIGNY.

A PARIS,

Chez l'Auteur, rue de Sorbonne, n°. 7.

1806.

On trouve aussi à la même adresse, l'ABÉCÉDAIRE et SYLLABAIRE en tableau, collé sur carton mince, disposé suivant la méthode des couleurs, et destiné à être mis entre les mains des Enfans qui commencent à apprendre. Ce tableau, symmétriquement casé, offre un ensemble séduisant, qui porte les Enfans à s'en saisir, et à l'étudier avec avidité. Prix, 8 sous.

Les Exemplaires de ce petit Livre et du Tableau, ont été déposés à la Bibliothèque Impériale.

MOTIFS ET UTILITÉ
DE CE PETIT OUVRAGE.

« De toutes mes études (disoit un Sa-
» vant distingué), celle qui m'a le plus
» rebuté, a été d'apprendre à connoître
» mon Alphabet. Je ne pouvois concevoir
» alors, et faire entrer dans ma tête com-
» ment la même lettre pouvoit avoir à-la-
» fois (et sans changer de nom) des for-
» mes diverses et des sons différens, sui-
» vant la place qu'elle occupe avec ses
» compagnes, et sans qu'aucun signe par-
» ticulier m'en indiquât la cause. »

Le même embarras a existé depuis, et existe encore aujourd'hui pour le plus grand nombre des enfans, lorsqu'on commence à leur mettre sous les yeux, les

MOTIFS ET UTILITÉ

signes conventionnels de la langue qu'ils commencent à balbutier.

A la vérité, on a employé jusqu'à ce moment bien des sortes de moyens pour leur rendre cette première étude la plus agréable possible, tels que les jeux, les contes, les fables, les gravures de tous les genres d'animaux, de plantes, de fleurs, etc. etc.; mais en donnant à ces différens accessoires tout l'agrément dont ils étoient susceptibles, on a négligé l'objet principal, les Lettres elles-mêmes.

Cette observation m'a conduit à découvrir la Méthode que je publie. J'ai pensé que comme tout ce que nous voyons, tout ce qui nous entoure a ses couleurs, je pouvois employer ce moyen pour donner aux lettres qui composent l'Alphabet français, des livrées différentes, qui, les réunissant en familles, les rendissent reconnoissables et intelligibles au premier coup-d'œil des enfans, et les affranchissent du dégoût, qui suit de près les difficultés.

Ce n'a été que par l'emploi méthodique des couleurs, que l'on a pu parvenir à rendre familière à tout le monde, même aux enfans, l'étude si difficile et si compliquée de la Géographie. Ce n'a été également que par leur moyen, que les élémens de tant de sciences et d'arts ont été compris, et ensuite cultivés avec des succès constans. Pourquoi n'auroient-elles pas la même influence à l'égard des principes primitifs des langues ?

Je suis le premier qui aye cherché à en faire l'essai. Au simple aperçu de l'esquisse que j'en avois formée, j'ai vu des enfans s'empresser à l'envi pour se la rendre familière, et me prouver au bout de quelques jours, tout le succès que je n'aurois osé espérer après un mois d'étude par la méthode ordinaire.

Voici le plan que j'ai suivi pour rendre la mienne aussi agréable, aussi amusante, que prompte et instructive.

J'ai donné la couleur ROSE aux cinq voyelles A, E, I, O, U, et distingué les Consonnes par la teinte VERTE. Comme le C a une analogie de rapports et de son avec le G, le K, le Q et le T, j'ai revêtu ces cinq lettres du même uniforme, mais avec des différences relatives dans le placement de leurs teintes. J'en ai usé de même à l'égard du D avec le T, de l'F avec le P, du G avec le J, de l'M avec l'N, et de l'Y avec l'I voyelle. J'ai eû aussi l'attention de différencier par des teintes particulières, les lettres auxiliaires ou accentuées, de sorte qu'au premier coup-d'œil on puisse facilement les distinguer d'a-

DE CE PETIT OUVRAGE. ix

vec les lettres mères ou primitives, et connoître leur emploi dans le discours.

En regard de chaque tableau, sont des notes explicatives sur chacune des lettres qu'il contient, avec la manière de les prononcer : chose bien essentielle, et qui facilite beaucoup les premières études, en apprenant aux enfans à se servir du mécanisme de leur bouche.

Quant au Syllabaire, chaque syllabe initiale a dessous elle un mot que l'on peut faire épeler en même-tems ; et à côté, est une petite phrase, qui réunit à l'analyse d'un mot générique, une définition morale.

La seconde Partie de ce petit Traité, dont je m'occupe en ce moment, renfermera L'ABRÉGÉ DE LA GRAMMAIRE FRANÇAISE, et la CONJUGAISON DES VERBES, développés suivant ma méthode des couleurs, dont tous les avantages, l'utilité et l'agrément, se feront apprécier d'une manière encore plus avantageuse.

Notes explicatives de l'Alphabet.

A. *Substantif masculin*, (un) première lettre de l'Alphabet, et la première des cinq Voyelles. — Il se prononce en ouvrant un peu la bouche, sans aucun mouvement de la langue, et en repoussant l'air au-dehors. — Les cinq Voyelles A, E, I, O, U, sont indiquées par la couleur *Rose*.

B. *Substantif masculin*, (un) seconde lettre de l'Alphabet, et la première des Consonnes. — Il se prononce en appuyant légèrement les lèvres l'une sur l'autre, et en les séparant aussitôt. — La couleur de cette lettre, ainsi que de toutes les autres Consonnes, est le *Vert*.

C. *Substantif masculin*, (un) troisième lettre de l'Alphabet. — Il se prononce en entr'ouvrant un peu la bouche, et en donnant un petit coup de langue contre la rangée de dents inférieures. — Le C emprunte le son du K devant les voyelles *a, o, u*, et celui de l'S, devant les voyelles *e, i*; c'est pourquoi on le voit partagé par deux couleurs.

D. *Substantif masculin*, (un) quatrième lettre de l'Alphabet. — Il se prononce en ouvrant un peu la bouche, et en faisant toucher le bout de la langue au palais. — Lorsque le D termine un mot devant un autre qui commence par une voyelle, il emprunte le son du T : raison pour laquelle il est représenté par deux couleurs.

LES ÉLÉMENS
DE
LA LANGUE FRANÇAISE
DÉMONTRÉS PAR LES COULEURS.

ALPHABET.

A	B
a - *a*	b - *b*
C	D
c - *c*	d - *d*

Notes explicatives de l'Alphabet.

E. *Substantif masculin*, (un) cinquième lettre de l'Alphabet, et la seconde des Voyelles. — Il se prononce en ouvrant un peu la bouche, sans aucun mouvement de la langue, et en repoussant vivement l'air au-dehors.

F. *Substantif féminin*, (une) sixième lettre de l'Alphabet. — Elle se prononce en ouvrant très-peu la bouche, faisant toucher les dents supérieures à la lèvre d'en-bas, et en retirant l'air à soi.

G. *Substantif masculin*, (un) lettre Consonne, et la septième de l'Alphabet. — Il se prononce en ouvrant très-peu la bouche, appuyant le côté droit de la langue contre les dents supérieures et inférieures du même côté. — Le G devant les voyelles *e*, *i*, a le même son que le J consonne. Il est divisé par trois couleurs.

H. *Substantif féminin*, (une) huitième lettre de l'Alphabet. Elle se prononce en ouvrant la bouche à moitié, aspirant l'air, appuyant un peu le côté droit de la langue entre les dents de ce côté, et par un petit mouvement de la mâchoire inférieure.

I. *Substantif masculin*, (un) neuvième lettre de l'Alphabet, et la troisième des Voyelles. — Il se prononce en serrant un peu les dents, appuyant par un petit mouvement la langue contre elles, et poussant la voix au-dehors.

J. *Substantif masculin*, (un) Consonne, et dixième lettre de l'Alphabet. — Il se prononce comme le G, excepté qu'il faut élever un peu la langue. — Cette lettre est indiquée par trois couleurs, comme tenant au G et à l'I.

E e - *e*	F f - *f*
G g - *g*	H h - *h*
I i - *i*	J j - *j*

Notes explicatives de l'Alphabet.

K. *Substantif masculin*, (un) onzième lettre de l'Alphabet, Consonne. — Il se prononce en ouvrant très-peu la bouche, pressant légèrement le dessous de la langue contre les dents inférieures de devant, et la retirant aussitôt.

L. *Substantif féminin*, (une) douzième lettre de l'Alphabet, Consonne liquide. — Elle se prononce en entr'ouvrant la bouche, et faisant toucher le bout de la langue au palais.

M *Substantif féminin*, (une) treizième lettre de l'Alphabet. — Elle se prononce en ouvrant un peu la bouche, et en approchant vivement les lèvres l'une contre l'autre. — Elle a quelquefois le son de l'N.

N. *Substantif féminin*, (une) Consonne, quatorzième lettre de l'Alphabet. — Elle se prononce en ouvrant la bouche, faisant toucher légèrement le bout de la langue au palais et aux dents supérieures, et en repoussant l'air au-dehors.

O. *Substantif masculin*, (un) quinzième lettre de l'Alphabet, et la quatrième des Voyelles. — Il se prononce en rapprochant les lèvres comme si l'on vouloit siffler, et poussant un peu l'air au-dehors.

P. *Substantif masculin*, (un) seizième lettre de l'Alphabet, et Consonne. — Il se prononce de même que le B, excepté qu'il faut appuyer plus fortement les lèvres l'une contre l'autre.

ALPHABET.

K	L
k - *k*	l - *l*
M	N
m - *m*	n - *n*
O	P
o - *o*	p - *p*

Notes explicatives de l'Alphabet.

Q. *Substantif masculin*, (un) Consonne, et dix-septième lettre de l'Alphabet. — Il se prononce en tenant la bouche presque fermée, et appuyant le dessous de la langue sur les dents inférieures du côté droit.

R. *Substantif féminin*, (une) Consonne, et dix-huitième lettre de l'Alphabet. — Elle se prononce en ouvrant médiocrement la bouche, puis baissant et relevant doucement la mâchoire inférieure, sans aucun mouvement de la langue.

S. *Substantif féminin*. (une) Consonne, et dix-neuvième lettre de l'Alphabet. — Elle se prononce en entr'ouvrant la bouche, frappant légèrement du bout de la langue les dents supérieures et inférieures, et repoussant l'air au-dehors.

T. *Substantif masculin*, (un) Consonne, et vingtième lettre de l'Alphabet. — Il se prononce en ouvrant très-peu la bouche, et en frappant légèrement le palais avec le bout de la langue.

U. *Substantif masculin*, (un) vingt-unième lettre de l'Alphabet, et la cinquième des Voyelles. — Il se prononce avec les lèvres presque fermées, et en repoussant l'air au-dehors.

V. *Substantif masculin*, (un) Consonne, vingt-deuxième lettre de l'Alphabet. — Il se prononce en appuyant les dents supérieures sur la lèvre d'en-bas, et en ouvrant médiocrement la bouche.

ALPHABET.

Q	R
q - q	r - r
S	T
s - s	t - t
U	V
u - u	v - v

Notes explicatives de l'Alphabet.

W *Substantif masculin* (un). Cette lettre nous vient des Peuples du Nord, et n'est admise dans l'Alphabet français, que parce qu'on l'emploie dans beaucoup de noms propres. — Elle y a la même prononciation que le V consonne. — Ses couleurs sont le *verd* et le *brun*, comme lettre étrangère.

X. *Substantif masculin*, (un) vingt-troisième lettre de l'Alphabet. — Il se prononce comme l'I voyelle, excepté qu'en finissant de l'exprimer, on donne un petit mouvement au côté droit de la langue, comme si l'on vouloit prononcer *ICS*.

Y. *Substantif masculin*, (un) vingt-quatrième lettre de l'Alphabet. — Il se prononce comme l'I voyelle, et a dans beaucoup de mots le son de deux *i i*.

Z. *Substantif masculin*, (un) vingt-cinquième lettre de l'Alphabet. — Il se prononce en ouvrant très-peu la bouche, portant l'extrémité de la langue entre les dents supérieures et inférieures, que l'on tient un peu entr'ouvertes, et repoussant l'air au-dehors.

LETTRES AUXILIAIRES.

OE. Cette lettre est, comme l'on voit, l'union de deux voyelles ensemble. Il s'emploie dans les mots *œil*, *œuf*, *œuvre*, etc.

Ç à queue ou cédille. Il se place devant les voyelles *a*, *o*, *u*, quand il y emprunte le son d'une *S* rude, comme dans ces mots : *plaça*, *façon*, *conçu*, etc.

W w - *w*	**X** x - *x*
Y y - *y*	**Z** z - *z*
OE œ - *œ*	**Ç** ç - *ç*

Notes explicatives de l'Alphabet.

É aigu ou *fermé*. Cette lettre se place, ainsi que l'*E* voyelle ou *muet*, au commencement, au milieu et à la fin de beaucoup de mots, comme dans *édifice, précipice, donné*, etc. — Avec l'*E* muet on dit *ce, de, re*, etc.; avec l'*É* fermé on prononce *cé, dé, ré*.

À grave. L'accent grave ne se place que sur les voyelles *a, e, u*. — L'*à* grave sert dans ces cas : J'irai *à* Paris ; j'y parlerai *à* Paul ; je lui donnerai *à* lire, etc.

È grave ou *ouvert*. Il se place en général sur les syllabes finales dont le son est très-plein et très-ouvert, et qui sont terminées par une *s*, comme dans *après, auprès, décès, excès* ; et aussi dans d'autres mots, où on l'a admis, comme dans *père, mère, frère*, etc.

Ù grave. Il n'a lieu que dans le mot (*où*) adverbe. Ex. *où* irai-je ? *où* m'attendrez vous ? D'*où* je conclus, etc. etc.

Â circonflèxe ou *long*. Cet accent est commun aux cinq voyelles *a, e, i, o, u*. — Il sert à marquer les syllabes longues. Il s'emploie pour l'*à*, dans les mots *âge, lâche, tâche*, etc. ; et aussi dans ces cas : j'ignorois qu'il *aimât* ; je doutois qu'il *entrât*, qu'il s'*engageât*, etc.

Ê circonflèxe ou *long*. — Il sert dans les mots *même, système, extrême, suprême*, etc.

ALPHABET.

É é - é	À à - à
È è - è	Ù ù - ù
Â â - â	Ê ê - ê

Notes explicatives de l'Alphabet.

Î circonflexe ou *long*. Il s'emploie dans les mots *dîme*, *île*, nous *prîmes*, nous *rendîmes*, etc.

Ô circonflexe ou *long*. — Il s'emploie dans *aussitôt*, *bientôt*, *plutôt*, *Rhône*, *Saône*, *trône*.

Û circonflexe ou *long*. — Il s'emploie dans *Flûte*, nous *eûmes*, vous *eûtes*, nous *aperçûmes*, vous *reçûtes*, *mûre* (fruit) *sûr*, *sûreté*, etc.

Ë tréma. — Il ne se met qu'après l'*a*, l'*o* et l'*u*. Après l'*a*, dans *aëré*; après l'*o*, dans *poëte*; après l'*u*, dans *aiguë*, *ambiguë*, *ciguë*, etc.

Ï tréma. — Il se place après l'*a*, l'*o* et l'*u*. Après l'*a*, dans *haïr*, *Adélaïde*, *Danaïde*, *Thébaïde*; après l'*o*, dans *héroïque*, *stoïque*, etc. — Il n'est plus d'usage après l'*u*.

Ü tréma. — Il se place après les voyelles *a*, *o*. Après l'*a*, dans *Archélaüs*, *Emaüs*, *Esaü*, *Saül*, etc.; après l'*o*, aux mots *Bagoüs*, *Pirithoüs*, etc.

ALPHABET.

Î	Ô
î - *î*	ô - ô
Û	Ë
û - *û*	ë - ë
Ï	Ü
ï - *ï*	ü - *ü*

SYLLABAIRE.

Ba be bi bo bu
Ba-vard Be-soin Bi-che Bo-bo Bu-veur
bla ble bli blo blu
Blâ-me Ble-te Blin-de Blo-cus Blu-toir
bra bre bri bro bru
Bra-sier Bre-bis Bri-quet Bro-chet Bru-tal

Ca (ce) (ci) co cu
Ca-chot Cé-drat Ci-dre Co-chon Cu-ve
cha che chi cho chu
Cha-peau Che-val Chi-con Cho-se Chu-te

BA-DI-NA-GE. Il offense dès qu'il cesse d'être innocent. Il faut s'en abstenir, surtout à l'égard de ses supérieurs.

BLA-ME. Pour l'éviter, il faut remplir exactement ses devoirs, et ne se le permettre envers qui que ce soit.

BRU-TA-LI-TÉ. Ce vice écarte tous les amis qu'on pourroit se faire, et rebute ceux que l'on peut avoir.

CA-MA-RA-DES. On doit s'attacher à ceux qui sont honnêtes, de préférence à tous autres, et leur rester fidèle.

CHAR-MES. Les charmes extérieurs ne sont rien, s'ils ne sont unis à ceux du caractère et de l'esprit.

SYLLABAIRE.

cla cle cli clo clu
Cla-baud Clé-ment Cli-mat Clo-che Clu-se

cra cre cri cro cru
Cra-paud Cré-dit Cri-me Cro-quant Cru-che

Da de di do du
Da-da De-sir Di-vin Dou-ceur Du-vet

dra dre dri dro dru
Dra-gon Dre-lin Dris-se Dro-gue Dru-ide

Fa fe fi fo fu
Fa-got Fe-ve Fi-let Fo-lie Fu-ret

SYLLABAIRE.

CLÉ-MEN-CE. Elle est le triomphe de la vertu sur le vice : elle ne connoît d'ennemis que pour pardonner.

CRAIN-TE. Heureux ceux qu'elle préserve de mal faire ! le scélérat et l'impie évitent de la connoître.

DÉ-CEN-CE. Elle est la compagne des bonnes mœurs, et un titre d'honneur aux yeux des vrais honnêtes gens.

DROI-TU-RE. Elle se reconnoît à la bonne-foi que l'on met dans ses paroles et dans ses actions.

FA-CHEUX. Pour bien vivre avec les autres, il faut se faire à leur humeur. Se fâcher souvent, c'est être haïssable.

SYLLABAIRE.

fla fle fli flo flu
Fla-con Flè-che Fli-bot Flo-rin Flû-te

fra fre fri fro fru
Fra-cas Fre-tin Fri-leux Fro-ment Fru-gal

Ga (ge) (gi) go gu
Ga-ze Ge-lée Gi-let Go-be-let Gui-don

gla gle gli glo glu
Gla-çon Glè-be Glis-seur Glo-be Glu-au

gra gre gri gro gru
Gra-de Gre-lot Gri-son Gro-gnard Gru-au

SYLLABAIRE.

FLAT-TEUR. Quel que soit le masque qu'il prenne, tout flatteur est dangereux, et ses caresses perfides.

FRU-GA-LI-TÉ. Avec elle on brave les évènemens, on conserve sa santé, ainsi que les facultés de l'esprit.

GÉ-NÉ-REUX. On peut être généreux sans être riche, lorsqu'on sait se contenter de peu, et donner à propos.

GLOU-TON. Le glouton ou gourmand enlève, par ses excès, le nécessaire au malheureux qu'il pourroit secourir.

GRA-CI-EUX. C'est être civil, agréable, doux, honnête envers tout le monde : tôt ou tard on y gagne.

SYLLABAIRE.

Ha he hi ho hu
Ha-bit Hé-ros Hi-bou Ho-quet Hu-che

Ja je ji jo ju
Ja-loux Je-ton . . . . Jo-cris-se Ju-pon

Ka ke ki ko ku
(Aucun mot Français ne commence par cette lettre ; elle ne sert que pour les mots étrangers, où elle se prononce comme CA , CO , CU , etc.)

La le li lo lu
La-pin Le-çon Li-vre Lo-geur Lu-tin

SYLLABAIRE.

HU-MA-NI-TÉ. Ceux qui la méconnoissent, se privent de la plus douce jouissance qu'il y ait sur la terre.

JA-LOU-SIE. Le mérite et la prospérité des autres, font l'éternel tourment et le désespoir des jaloux.

Nota. Si l'on étoit moins observateur des étymologies, la lettre K pourroit remplacer le C et le Q, dans la très-grande quantité de mots où ils s'emploient, excepté ceux où le C est suivi ou d'un E, ou d'un I, ou d'une H. Alors on pourroit écrire *Karactère*, *Korrection*, *Krudité*, *Klémence*, etc.—Et pour le Q, *Kalité*, *kantième*, *kantité*, *kerelle*, etc. etc.

LA-BO-RI-EUX. C'est le plus sûr des moyens de se faire honneur, et d'éloigner de soi l'ennui et la misère.

SYLLABAIRE.

Ma me mi mo mu
Ma-man Me-lon Mi-gnon Mo-de Mu-let

Na ne ni no nu
Na-nan Nè-gre Ni-gaud No-ce Nu-bie

Pa pe pi po pu
Pa-pa Pe-pin Pi-geon Po-che Pu-deur

PHA PHE PHI PHO PHU
Pha-re Phé-nix Phi-lon Pho-ci-on : : : :
(*Nota*) Ces syllabes se prononcent comme *fa fe fi fo fu*

pla ple pli plo plu
Pla-card Ple-yon Pli-oir Plo-te Plu-me

SYLLABAIRE. 33

MÉ-CHANT. Si l'on sentoit tous les avantages dont on se prive pour le devenir, on auroit horreur de l'être.

NÉ-GLI-GEN-CE. Elle est la fille aînée de la paresse. Négliger ses devoirs, c'est tromper, c'est abuser la société.

PA-TI-EN-CE. Unie à la bonne volonté, il n'est pas d'obstacles qu'elle ne surmonte dans tout ce que l'on apprend.

PHÉ-NIX, être fabuleux, mais par lequel on exprime l'assemblage de toutes les perfections.

PLAI-SIR. Pour en sentir tout le prix, il faut être content de soi-même, et faire ensorte de n'en pas abuser.

SYLLABAIRE.

pra pre pri pro pru
Pra-li-ne Pré-fet Pri-son Pro-cès Pru-dent

Qua que qui quo..
Qua-li-té Que-rel-le Qui-dam Quo-li-bet

Ra re ri ro ru
Ra-ce Re-pas Ri-de Ro-be Ru-ban

Sa se si so su
Sa-bot Sé-choir Si-gnal So-leil Su-cre

Ta te (ti) to tu
Ta-lon Te-nant Ti-roir To-le Tu-be

SYLLABAIRE: 35

PRO-PRE-TÉ. Elle est le fard de la jeunesse, la compagne de l'ordre, le principe et le soutien de la santé.

QUA-LI-TÉS. Les plus essentielles sont d'être vertueux, d'acquérir de la science, et de chercher à être utile.

RES-PECT. On le doit à la Religion, aux lois et à ses supérieurs : c'est un devoir sacré pour tous les âges.

SA-GES-SE. Tous les avantages de la figure, de l'esprit, des talens et de la fortune, ne peuvent la remplacer.

TA-LENS. On ne les acquière qu'à force de travail, de veilles et d'études. La récompense se trouve dans les succès.

tra tre tri tro tru
Tra-cas Tré-pas Tri-bun Tro-queur Tru-ble

Va ve vi vo vu
Va-che Ve-nin Vi-gne Vo-leur Vul-cain

vra vre vri vro vru
vrai-ment : : : : : vril-le : : : : : : :

Xa xe xi xo xu
Xa-vier Xé-no-phon Xi-me-nès : : : : : :

Za ze zi zo zu
Za-gaie Zé-ro Zi-za-nie Zo-ne Zu-rich

SYLLABAIRE.

TRA-VAIL. Il est nécessaire, même à ceux qui ont de la fortune, et indispensable à ceux qu'il fait vivre.

VA-NI-TÉ. Elle obscurcit les plus brillantes qualités. Sœur de l'orgueil, elle en a toute la laideur et tous les vices.

VRAI. Celui qui est vrai dans tout, ne sauroit avoir de grands défauts ; sa candeur l'en feroit rougir.

. . . .
. . . .
. . . .

ZÈ-LE. Lorsqu'on en porte l'affection ardente dans tout ce que l'on fait, rien ne rebute, tout est plaisir.

SIGNES DE LA PONCTUATION.

Il y en a six ; savoir , la virgule [,] le point-virgule [;] le deux points [:] le point [.] le point admiratif [!] et le point interrogant [?]

Ces signes ont éte imaginés pour indiquer les repos plus ou moins longs qu'il faut oberver en lisant, afin de se rendre intelligible à soi-même et aux autres, et pour donner à différentes phrases le ton ou de l'admiration ou de l'interrogation.

[,] La *virgule* (,) s'emploie après chaque substantif, adjectif et verbe qui se suivent : elle sert à distinguer les divers membres d'une phrase avant qu'elle soit finie. Exemple : *la sagesse , l'assiduité à remplir ses devoirs, la propreté , sont des qualités qu'on aime à voir réunies dans un Enfant.*

[;] Le *point* avec la *virgule* (;) se met entre deux phrases , quand l'une dépend de l'autre. Exemple : *bien des enfans sont infatués de leur petit mérite ; mais ce ne sont pas les plus estimables.*

[:] Les *deux points* (:) se mettent après une phrase finie, mais suivie d'une autre qui sert à l'entendre et à l'éclaircir. Exemple : *Il ne faut jamais se moquer des infirmités de ses camarades : qui peut répondre de n'en jamais avoir ?*

[.] Le *point* se met à la fin d'une phrase, quand le sens est entièrement terminé.

SIGNES DE LA PONCTUATION.

[!] Le *point admiratif* (!) s'emploie lorsqu'on admire ou qu'on veut rendre une exclamation. Exemple : *Ah! Dieu, que cela est beau ! — que cet enfant est aimable ! qu'il est beau ! — ô mon Dieu! ne nous abandonnez pas.—que cette voiture est riche!* etc.

[?] Le *point interrogant* (?) s'emploie lorsqu'on interroge. Exemple : *sais-tu ta leçon ?— où irons-nous jouer ce soir?—à quelle heure irons-nous au Catéchisme? — pourquoi n'apprends-tu pas ta leçon ?* etc.

Autres signes en usage dans les livres.

['] L'apostrophe(') marque l'élision ou suppression d'une voyelle finale, afin d'aider à la prononciation. On la place après les monosyllabes *je, te, se, la, le, de, ce, me, que, ne*, lorsque la finale est mangée par le mot suivant qui commence par une voyelle. Ex. *j'aime*, il *t'aime*, il *s'aime*, il *m'aime*. — *L'ambition*, *l'honneur ;* il *n'a que tel âge ;* qu'il me *soit permis ,* etc. : pour ne pas dire , il *se* aime , *la* ambition , *le* honneur , il *ne* a , *que* il me soit, etc. Elle s'emploie aussi pour les mots *entr'eux , entr'- elles , entr'autres , entr'acte; jusqu'à , jusqu'au , jusqu'ici ; aujourd'hui , d'abord , s'il étoit , s'ils étoient*, etc. etc.

[-] La *division* ou *trait d'union* (-) a été imaginée pour marquer que divers mots joints ensemble n'en font , pour ainsi dire, qu'un. Exemple: *c'est-à-dire, vis-*

DES SIGNES, etc.

à-vis, avant-coureur, avant-garde, arrière-garde, porte-manteau, porte-feuille, etc. etc. Elle se met aussi entre les verbes et les pronoms, quand ils sont après. Exemple: *Lis-le, bois-le, donne-moi,* etc. et pour diviser les mots au bout des lignes.

[»] Le *guillemet* [»] est un signe que l'on emploie dans les livres, pour distinguer les passages les plus frappans, tels que les récits, les discours particuliers, et les opinions des auteurs que l'on y cite.

[*] L'étoile ou *astérisque* [*] est un signe de renvoi à la marge ou au bas des pages. Elle sert aussi lorsqu'on ne peut ou ne veut pas écrire un nom propre en toutes lettres, en en plaçant plus ou moins après la lettre initiale de chacun de ces noms. Exemple : la ville de L***. M. de B***; Madame de D***, etc.

( ) Les *parenthèses* ( ) servent assez communément à renfermer les signes des renvois. On les emploie aussi à clorre les citations. Exemple : (*Voyez Chap. II, sect. 1, §. 4.*) ou des parties de phrase qui ne servent qu'à éclaircir davantage le sujet. Ex. *J'allois me coucher,* (il étoit alors 9 heures et demie) *lorsque mon ami vint frapper à ma porte.*

Les crochets [ ] ont le même emploi que les ( ).

Le paragraphe [§.] et la croix [†] sont aussi des signes de renvoi que l'on remarque souvent dans les livres. *FIN.*

Explication des mots les moins connus, qui se trouvent employés dans le Syllabaire.

Blete, plante.
Blinde, arbres dont on couvre la tranchée devant une ville que l'on assiége.
Blocus, état d'une place cernée par des troupes.
Blutoir, instrument pour passer la farine.
Cédrat, fruit qui tient du citron.
Chicon, laitue-romaine, plante potagère.
Clabaud, chien de chasse. — Homme stupide.
Chose, cri du fauconnier.
Drelin, son d'une sonnette.
Drisse, terme de marine, cordage pour hisser.
Druide, prêtre Gaulois.
Furet, petit animal qui sert à la chasse.
Flibot, petit vaisseau flamand.
Florin, pièce de monnaie.
Fretin, poisson. — Chose de peu de valeur.

Glèbe, motte de terre qui renferme du métal.
Gluau, branche d'arbre enduite de glu.
Lutin, enfant bruyant.
Nubie, l'un des royaumes d'Afrique.
Phare, fanal pour éclairer en mer.
Phénix, oiseau fabuleux. — Homme supérieur dans son genre.
Philon, Phocion, noms de deux hommes célèbres.
Pleyon, brin d'osier.
Plioir, instrument servant à plier le papier.
Plote, oiseau.
Praline, amande rissolée dans du sucre.
Quidam, personne dont on ignore, ou dont on ne veut pas dire le nom.
Quolibet, mauvais jeu de mots.
Tenant, homme qui défend

une opinion.—Combattant.
Tôle, fer en feuilles.
Troqueur, enfant qui aime à faire des marchés.
Truble, sorte de petit filet pour pêcher.
Tube, tuyau ou cylindre creux.
Vulcain, dieu de la fable.
Xavier, Xénophon, Ximenès, noms d'hommes illustres par leur mérite.
Zagaie, sorte de javelot familier aux Africains.
Zizanie, discorde, division.
Zone, une des cinq parties du globe.
Zurich, ville de Suisse.

Son des Voyelles avec les autres Lettres.

A.
Ab, ac, ad, af, ag, ah, ai, ak, al, am, an, ap, aq, ar, as, at, av, ax, ay, az.

E.
Eb, ec, ed, ef, eg, eh, ei, ek, el, em, en, ep, eq, er, es, et, ev, ex, ey, ez.

I.
Ib, ic, id, if, ig, ik, il, im, in, ip, iq, ir, is, it, iv, ix, iz.

O.
Ob, oc, od, of, og, oh, oi, ok, ol, om, on, op, oq, or, os, ot, ou, ov, ox, oy, oz.

U.
Ub, uc, ud, uf, ug, uk, ul, um, un, up, uq, ur, us, ut, uv, ux, uz.

www.ingramcontent.com/pod-product-compliance
Lightning Source LLC
Chambersburg PA
CBHW060938050426
42453CB00009B/1080